AF400576

Schneefeld
Vogel im Sturm

Gedichte

FSC
www.fsc.org
MIX
Papier aus ver-
antwortungsvollen
Quellen
Paper from
responsible sources
FSC® C105338

© 2020 Schneefeld,
Herstellung und Verlag: BoD – Books on Demand, Norderstedt
ISBN: 9783752602128
1. Auflage

schneefeld.wordpress.com

Vogel im Sturm

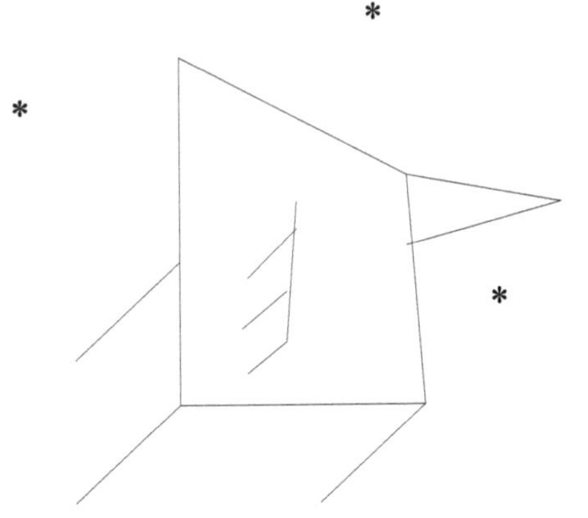

Ich will nur sagen,...

...dass ich müde bin.
Das ist dieser Zeilen
einziger Sinn.

Und fragt nicht weswegen.
Der einzige Sinn
wirkt dem entgegen.

Und deutet nichts hinein.
Der einzige Sinn
- dieses Mal wirklich -
will ganz alleine sein.

Und denkt nicht drüber nach.
Bitte, lasst es; ach,
jetzt bin ich richtig wach.

Das Los des Dichters

Das Schreiben ist nicht größer als das Knechten,
Ein Fließband führt die Worte Tag und Nacht.
Und hat man sie in eine Form gebracht,
Erscheinen neue, die geordnet werden möchten.

Ich frage: Sind wir mehr als Sisyphos?
Gedanken sind doch unsre ew'gen Steine,
Mit dieser Arbeit sind wir stets alleine,
Zu stoppen ist nicht Merkmal unsres Los'.

Das Los des Dichters ist kein Hauptgewinn,
Die Bänder stehen nicht im Schlafe still,
Ist es denn jemals, was man wirklich will?
...und rollend schwindet uns der schwache Sinn

Ungesagt

Blume welkt und Blume bricht,
wolltet ihr nicht gerade sagen...
Alle Farben der Natur.
Schuld ist nur ein dummes Wort,
eines schickt sich nicht für alle,
steht uns Jupiter denn vor?
Warum enden Kreise nicht?
Draußen auf den Wiesen schlendernd,
wollte euer Blick noch sehen...
Nicht nur das regt uns zur Trauer.
Niemand kann präzise fragen,
Abschiedsworte sind gewöhnlich,
nur ein Schild, ja, nur Reklame,
blenden wir sie besser aus!
'Wachsen' klingt wie 'Immer weiter',
'Steigend' klingt wie 'Niemals endend',
Wahrheit gibt es doch nur eine...

Schreiten

Der Nebel war heute nicht kühl,
sondern Wolke – und weich.
Und die Sonne dahinter, sie strahlte
so frisch wie im Frühling, als
verschenkte sie willkürlich Leben.

Doch fiel der Schritt, der auf den Blick
folgte, so anders, unterschiedlich aus,
als die Wimpern, sie fingen des Wassers
Kondenz, sich beim Schließen, beim
Blinzeln, mit Tränen umgaben.

So lag im Schritt, das eine Bein
infolge unsrer Sehnsucht das 'Vorwärts'
begrüßend, das andre noch um-
klammernd die Angst, die Ungewiss-
heit des Stehenbleibens.

Notizbüchlein

Ich lehne am Baum
Und denke noch kaum,
Den Stift in der Hand,
Die Blicke im Land.

Mein Büchlein noch leer,
Das Füllen ist schwer.
Wie kann es gescheh'n,
Die Schrift als Idee, die
Versteckt ist, nicht leicht
Zu entdecken, zu seh'n?

Es kratzt mich die Rinde
Am Rücken, bemerk' nicht
Die Schönheit der Linde,
Trotz Farbe und Licht.

Der Vogel im Sturm

Da trägt dich der Wind,
du kleiner Wurm,
du Vogel im Sturm,
das bist du, das bin ich.
Wir sind keine Würmer!
Und unsere Federn sind Sand -
Kein Sand, es ist Erde.
Die Erde ist still,
wie der Vogel im Sturm,
doch die Stürme sind laut.
Und wir sind keine Vögel,
nur Sand in der Enge der
Gläser der Erde, wir fliehen.
Die Wurzeln nicht tiefer
als ich und als du,
wir sind Würmer und Erde
und wieder und wieder
der Vogel im Sturm,
da trägt dich der Wind, ...

Sebald-Variation I

Manchmal meine ich,
wenn ich hinschaue,
nicht hinschaue,
es sei alles schon tot.
Es scheint, wenn ich sehe,
nicht sehe, zu sein,
nicht zu sein, wenn ich schaue,
ist alles schon tot.
- Es sei alles tot,
ich meine es manchmal,
nicht hinschauend,
hinschauend
nicht.

Sehnsucht

Unter der Linde
seh' ich das Gras -
von Weitem.

Erahne gekni-
ckte Halme, ein
starkes Gefühl.

Ich rate nur den
Klang des Liebes-
liedes.

Weiß nichts von
dem, was
folgt.

Dohle

Die Dohle pickte die
Traube, das Auge,
das Auge, die Welt.
Das Blut und das
Wasser der Adern
und Tränen zer-
liefen zusammen,
wie Frage und Ant-
wort im Streit
um die Wahrheit.

Fuge

Gestern schrieb das schönste
Werk ich das schönste Werk
Ich schrieb gestern
das Werk
das schönste Gestern
schrieb gestern
das Werk

Wie das Werk entstand
Wie es wurde entstand
Wie das Werk entstand
war das nicht Glück es
nicht Glück das
ich fühlte
das Glück war es
Glück

Im Nachhinein sehe ich
Werk und das Glück
und das Glück das
mir wurde das Glück
und das Werk ich sehe
im Nachhinein das
Ganze im Werk
und das Glück
danach

Ich muss so frei gewesen sein
so frei von allem von
frei sein das Werk
kam vom Glück das
frei sein kam im
Werk das schönste
vom frei sein gekommen
davon kam es
davon

Schrieb ich das Werk vom
Glück das schönste
vom Glück geschrieben
das Werk von frei sein
geschrieben von Glück
das Werk das schönste
geschrieben war
geschrieben

Vielleicht weil es gestern
war gestern das Schreiben
geschrieben das Werk
und das Glück das
wurde geschrieben das
Glück geschrieben
vielleicht geschrieben
gestern geschrieben
vielleicht

Sebald-Variation II

Wie durch ein feines Netz
vor meinen Augen,
ist die Welt verschlossen
vor mir.
Ist die Welt ein anderes
Haus, in das ich nie
treten darf und stehe
wie vor dem Gesetz?

Missverständnis

Frage ich mich:
Wer lenkt den Stift?
Sage ich: Ich.
Lüge ich nicht?
Wie jede Idee mich
unschuldig trifft,
ist nicht so das
ganze Leben?

Nur ein schönes
Missverständnis?

Sebald-Variation III

Ihr immerwährendes Grün,
wie bitter-schmerzhaft
geht es dahin.

Wir schreiben 'Vanitas'
und glauben, ewig
steht die eig'ne Schrift.

Das immerwährende Grün,
es lacht uns an und geht
dann selbst dahin.

Vermutungen aus der Ferne

Wie traurig du heute bist.
Zeigst: Es ist so, wie es ist.
Tief in die Stirn gezogen
die Mütze.
Wurdest du betrogen?

Wie traurig du heute bist.
Wie seltsam dein Schweigen ist.
Versteckst dein schwarzes Haar,
wie alles, was gestern war.

Wer hat dich traurig gemacht?
Wie tief war die letzte Nacht?
Wurdest du nicht mehr gesehen?
Ich kann aus der Ferne verstehen -

Wie traurig du heute bist;
und flüsterst doch jetzt leise...
Ob es ein gutes Zeichen ist?
Ein kaum erahntes Glück
für eine neue, alte Reise.

Zufälliges/Wahres

Zufall, willst du
nicht schön sein,
den Stift, den ich halte,
zu führen, zu leiten?
So zeige doch, ganz
zufällig nur, mir
einen schönen Ge-
danken, der vor mir
auf leeren Blättern
wahr wird.

Zwickmühle

Ich arbeite im 'Müssen' schlecht,
dann wieder im 'Wollen'
auch nicht recht.

Ein Zugewinn ist wohl nur Glück...
Das Wesen bildet sich ja
sowieso nur Stück für Stück.

Beim Betrachten der Linde

Wie leuchtet dein Haar!
Linde, wie leuchtet dein Haar!
Vorsichtig, streif dir das Kleid
von den Schultern...
Und bis zur Hüfte
wage ich zu blicken,
der Rücken nun frei
für alle Augen,
als Ziel einer ungleichen,
einsamen Phantasie.
Und deine Haut sind
deine Wurzeln
und deine Stimme Gedicht.
Wo du nur zu mir blickst,
blickst du in alle Richtungen,
wie ein Versprechen an die Welt,
der du zuzwinkerst.
Er trifft mich nimmermehr.
Ich falle im Rücken
deiner Größe, deines Lichts.
Wohin fallen deine Worte,
deine Samen, auf Böden,
die, nicht wie ich,
fruchtbar sind?
Du bist geschützt,
hinter dir
stoßen alle Messer
in Leere, in Herzen,
in Staub.
Sag mir, was dein Leben ist!

Ich spreche zu dir
nur stumm,
und will dich auch,
eigentlich
nur sehen,
so wie du bist.

Der Brief

Das war ein stiller Brief,
der nur da lag und
nichts wollte, nichts
zu sagen hatte.

Ich lachte nicht beim
Betrachten der Papier-
kanten; wie sie so un-
geschickt begrenzten. -

Was sagte ich gleich?
Es war, wie einer der
ältesten Sätze, so oft
schon wiederholt

und vergessen und
wieder belebt und
jetzt bleibt es vor-
erst beim Vergessen.

Wäre die Erinnerung
nicht wichtig?
Fühle mich, -
ich, ich bin eine leere

Seite und liege
nur in Räumen;
ein geöffneter Brief,
der nichts preisgeben kann.

Fernweh

Ich will wieder nur dorthin,
an den Ort, wo der Sinn
nicht liegt im 'Wieso?'.

Denn dort sind keine Fragen,
nicht einmal -still ertragen-
trübt mein: Ich bin *so* froh!

Es reicht ein simples Blicken
für mich, um zu entrücken -
und ich bin anderswo.

Liebe und Wahrheit

Wo bist du, Baum Linde,
wenn ich deinen Schatten
suche, um Gedanken klar
zu fassen, was ist, was war,
und ich es nicht anders finde?
Ist alles, was wir hatten,
Vergangenheit und wieder
Schatten?
Wo ist nur, Baum Linde,
dein Strahlen, dein Licht,
dein Zeigen und das Wahre,
was ich nicht klarer fände,
imaginierte ich dich?
Dann sähe ich: Zu kalt
ist das Wissen -
und wider dein Licht.

Wunsch nach Einzigartigkeit

Jeder Mensch kriegt eine Seite
zum Beschreiben,
doch keinen Stift, der dazu diente.
Drum müssen viele Seiten
unbeschrieben bleiben.
Denn ihn zu suchen, machen
wenige Anstalten...
Und finden sie den Stift,
fehlt das Wissen und die Kraft,
um ihn zu halten.

Lebensbahnen

Wie eine Welle kommt das Traurigsein,
verlässt mich jäh – und stellt sich wieder ein.
Was soll's mir sagen, dies Ersticken?
Blendest mich, lässt mich dann Schwärze blicken.
Und was ist Ebbe, was ist Flut?
Und wo die Ursache, mein Mond?
Was sagt mir -kein Erwehren-, -keine Wut-?
Nein, wer nur einen Stein bewohnt,
der zufällig im Leeren kreist,
der fährt auf immer gleichen Lebensbahnen;
und doch ist er komplett entgleist.

Was wir wissen

Wir haben die Welt sehr früh gedeutet,
umgedeutet, neu bewertet.
Und wie oft war das
gestern Wahre heute falsch?
Und morgen einfach lächerlich?
So leben wir und sind doch
immer wieder dreigeteilt,
denn was wir wissen ist
wahr – und falsch – und lächerlich.

Marta und Maria

Marta und Maria,
wie könnte die eine
die andre verstehen?
Ich sehe die beiden
und erschrecke erneut,
daran denkend, wie ich
den Satz zum ersten Male las:
'Maria hat das gute Teil erwählt;
das soll nicht von ihr
genommen werden.`
Mein Herz ward mit
einem Augenblick so
warm.
Wie könnte die eine
die andere verstehen?
Die Antwort lautet:
Sie muss es nicht.

Verlust

Wenn der Regen,
wenn der Regen an das Fenster drischt
und der Sonne ihre Kerzenwärme lischt,
sage ich zu mir, noch immer froh:
Ich vergesse dich *jetzt* nicht -
und auch *dann* nicht, anderswo.

Wenn der Regen,
wenn der Regen windgepeitscht zerweht
und die Sonne hinter diesem steht,
sage ich zu mir, ganz ohne Last,
dass sich die Erde weiter dreht.
Ich hatte dich und habe nichts verpasst.

Wenn der Regen,
wenn der Regen schwer in Tropfen knallt
und die Sonne ist wie Tanne ohne Wald,
sage ich zu mir, wie eh und je,
es ist alleine gleichfalls kalt.
Und meine Liebe ist bei dir,
gleich wohin ich geh'.

Wenn der Regen,
wenn der Regen wieder fällt,
ist alles wie immer, hier und dort,
's ist ohne dich in meiner Welt.
Dann sage ich zu mir, es sei egal.
Ich bin allein -
und du warst,
du warst einmal.

Unglückliche Liebe

Wie eine Klage in der Welt
bist du, sind deine Züge.
Wie Weh und Willkür
sich in tollem Tanz verschränken,
so will ich, wenn es mir
und wenn es nicht gefällt,
schreiend an dich denken.
Wie *ein* Körper haben
'Wollen' und mein Leiden
für mich ausgedacht,
trotz Schmerzen niemals meiden:
das ist die Nacht,
die Liebe und die Nacht -
und ihre Macht.
Die Nacht, Zwietracht,
Eintracht, nackte Macht.

Frühling

Frühling, wo bist du geblieben?
Frühling, ich habe gelebt!
Ich habe den Winter vertrieben,
Der nur nach dem Ende hin strebt -

Frühling, wo bist du geblieben?
Frühling, ich wurde geboren!
Ich habe den Winter vertrieben,
Ich hab die Trägheit verloren -

Frühling, wo bist du geblieben?
Frühling, was hindert dich jetzt?
Ich habe das alles geschafft,
Und dich mir zum Anfang gesetzt -

Frühling, wo bist du geblieben?
Frühling, es ist doch nicht wahr!
Allein drehe ich eine Runde,
Der Winter, er ist wieder da.

Hoffnung

Umarmt, geherzt, begrüßt, umschlosssen.
Im Innern sitzt der gleiche, weiche Kern.
Umzingelt kann man ihre Rufe hör'n,
Als würde aus Pistolen sie geschossen.

Der Kern, dass ist der Seele tiefster Schatz,
Das ist das Hoffen, dass das Ende schweigt.
Doch wenn's uns düster in das Denken steigt,
Dann tritt der Tränenbruch an Ihren Platz.

Der Lebensschluss hat angerissen,
Was wir zu hüten nie wirklich vermocht.
Denn stetig brennt des Lebens Docht.
Der Kerzen Wachs wird weiter weichen müssen.

Und doch bleibt bis zuletzt das helle Glühen,
Das flüstert, schüchtern, doch bestimmt,
Dass nur der Tod uns unsre Hoffnung nimmt,
Davor verpuffen alle seine Mühen.

Die Entführung der Königin

'Morgen reise ich ab'.
Meine Schilflieder -
singt Clawdia, singt:
'Morgen reise ich ab'.
Und ich lese anders,
so wie ich es hörte -
'Das ist meine letzte Woche,
das ist mein letzter Tag'.
Nur das Reden haben wir
verpasst?
Ich hörte es nicht einmal
aus deinem Munde. Ich
will die Zeit verlängern!
Hans hatte noch diese Nacht;
und ein Pfand: Auf Wiedersehen!
'Morgen reise ich ab'.
Helena, verschweigst die
Worte deinem Mann,
der dich nur aus der Ferne
lieben darf.
Menelaos, du Gehörnter!
Verzehrst dich nach einem
Abschiedsgruß -
'Morgen verlasse ich dich'.
- Und Troja wird für einen
Wunsch nach Freiheit
brennen wie Herzen.
'Meine Liebe verfolgt dich,
Helena, - und mein Stolz'.
Was soll der Stolz? Ich soll,

ich darf nicht lieben!
Clawdia; das Feuer entfachen,
löschen, in einem Knall.
'Morgen reise ich ab'.
Wenn du wiederkehrst,
sei ich längst im Tal?
Helena, sie verließ mich
ohne Lebewohl und
keine Schilflieder wollte
sie mir über meine Schultern
singen – ich blickte,
blicke noch zurück! -
Oh Artus, verzweifelt,
lässt deinen Hof verkommen,
du willst nicht herrschen
ohne Königin.
Du bist ganz still.
Ginover ist fort und
Ungewissheit herrscht
an deiner Statt.
Geraubt die Königin,
was hätte sie singen wollen?
Zum Abschied dem König,
'Ich komme wieder!' ?
Lüge, Hoffnung und kein Trost -
'Morgen reise ich ab'.
'Auf nimmer Wiedersehen'.
'Ich will nicht fort von dir!' -
Helena, du gingst aus
freien Stücken, denn du
liebst die Welt und siehst
sie und nicht mich.

Doch muss ich, mein Gott,
schweigen, wenn sich ein
weiches Herz verliert?
'Morgen reise ich ab'.
'Heute ist mein letzter Tag'.
Die Welt hat dich entführt.

Liebeslied

Die Tür steht offen,
durch die du nicht kommst.
Hat mein Blick deinen
je direkt getroffen?

Deine Blicke wandeln
in der Welt -
An der Klinke klebt
meine Hand für das Sofort -
Du trittst ein,
an jedem anderen Ort.

Nie hast du meinen Namen
ausgesprochen, selten
hörte ich die Stimme,
Stimme andrer Welten.

Im März 2016

März, du bringst uns regnerische Tage,
Zögerst noch und zeigst uns nicht dein Licht.
Hörst mein Bitten nicht und meine Klage,
Trägst uns Kälte zu, wie jüngst der Winter nicht.

Sonnenstrahlen müssen wir erahnen,
Seh'n wir sie, dann schüttelt uns der Frost.
Willst du uns're Frühlingsherzen mahnen,
Die fest erwarten, was nur zugelost?

März, lass uns den Sommer einmal spüren,
Hitze, Rausch und kurz auch einen Sinn!
Herbstens Abgesänge scheinen dich zu führen,
Zum nächsten Herbst, zum nächsten Winter hin.

[Der Tod ist ein Meister aus Deutschland]

Der Tod ist ein Meister
aus Deutschland.
Perfekt ist der Meister,
der Meister im Töten
ist gründlich
und sauber.
Ist gründlich und stolz.
Das sind deine Taten!
Das ist dein Gewehr!
Heut hallt noch dein Warten,
das Schweigen der Münder.
Wie kann ich verzeihen,
was ich nicht getan?
Ich will mir verzeihen,
ich kann nicht vergessen,
es gibt keine Antwort,
es braucht nicht Geduld.
Es ist uns're Schuld,
nicht deine, nicht meine,
es ist uns're Schuld.
Wir müssen sie tragen,
wir sind ihre Erben,
Die Taten des 'Damals',
sie leben noch weiter,
ertragen die Täter,
entdecken das Tun.
Das ist das Dilemma,
das uns so vernichtet,
wir töten in Taten
und töten im Ruh'n.

Eine Quelle

Was mich dunkel macht - die Nacht.
Der Tag spielt hell, zu schnell -
Zu langsam glimmt der Mond,
sein Licht, die Sonne brennt
zögert nicht.
Fels und Lampe streiten sich nicht,
es gibt doch nur eine Quelle.
Alles, was mich dunkel macht,
es ist das unweigerlich Helle.

Über den Zufall

Ein Ereignis ohne Grund?
Nein? Der Zufall ist kunterbunt!
So kann man ihn niemals erklären!
Wer 'Nihil est sine ratione' sagt,
der 'Zufall ist auch nicht ohne' klagt.
So kann es ihn gar nicht geben?
Und trotzdem seh'n wir ihn leben!
Weil der Zufall etwas anderes ist,
ein Grenzen zermahl'ndes System.
Und das wir nicht wissen,
woher es kommt,
das ist nur *unser* Problem.

Nicht immer

Norm und Form
sind nett und fein.
Mit heißen Ohr'n
zermahle ich ein
Pfefferkorn und
würze den Scherz
in Kürze mit Herz,
denn so soll es sein.
Nicht mit eckiger Stirn
und bratendem Hirn...
Ja, Norm und Form
sind nett und fein;
doch immer?
Sag nicht 'Immer'!
Immer? Nein!

Generationen ohne Konflikt

In normvoller Weise
hörte das Kind vom Greise,
dass früher alles besser war,
logisch und klar.
Recht ordentlich,
ordentlich rechtens,
die Alten, die brächten's,
wären sie noch alle da.

Das Kind ging dahin
und vergaß den Alten
und dessen förmlichen Sinn.
Und als es selbst
im 70. Jahr, sagte es,
nörmlich und klar
die gleichen wichtigen Sätze.
Dem Kind, das zufällig da,
erschien es recht und wahr,
recht ordentlich klar.

Dann verschwand auch dieses Kind,
frech, mit offenem Latze.
Die Haare verwehen wie der Wind,
zurück bleibt eine Glatze.

Hilflose Schöpfer

Alle Worte sind immer leer,
wie ein unbewusster Blick,
wie ein unachtsames Schweifen,
bis das Lesen und das Hören
sie beleben -
Warum spielen die Schöpfer
keine Rolle?
Intention ist nur ein blasser
Wunsch des Allmachtslosen.
Wer sind nun die wahren Götter?

Rheinidyll

Bei Biebrich am Rhein sind die Strände aus Glas
und die Kinder, sie spielen und lachen wie an
den schönsten Tagen. Die langen Schlangen an
den Eisdielen, die Sonntage, die Sonnentage am
Rhein. Hier wollen die Menschen ruhen.
Es riecht sehr streng vor dem Schloss,
zwischen Rheinschlamm und Abgasen,
die Straße verläuft vor der barocken Pracht.
Radfahrer drängen sich durch überfüllte Pfade.
In der Ferne Brücken und Schornsteine, Fabriken,
etwas Natur und trüber Rhein.
Das Blattgrün am anderen Ufer ist
hübsch anzusehen und der Wunsch, mit
dem Schiff andere Ecken zu erkunden, wächst.

Doch heute wollen wir in den
weitläufigen Schlosspark, der etwas verbaut ist,
wegen des bevorstehenden Reitturniers;
noch fehlen aber Pferde und Reiter und Zuschauer,
alles ist noch Hülle.
Ein kleines Bächlein durchzieht das Grün und
verblüfft, ob der unerwarteten Schönheit.
Dort stehst du, fröhlich, am glasklaren Rinnsal,
abseits der Menschenmassen, die sich am alten
Strom tummeln und drängen.
Hier ruht nun auch *mein* Blick.

Erwehrung der Wehmut

Nein, ich will nicht zurück
in die alte Welt, in *das* Alte.
Das Leben, die Feier, Ge-
lächter. Ein stummer Be-
trachter, so würde ich scheinen,
so würde ich wandeln und
schüchtern mein jüngeres Ich
um jeden Preis meiden.

Nein, ich will nicht zurück,
in das Leichte, den Regen.
Ich könnte nicht, so wie ich
bin, wie ich scheine. Ich
war immer so und doch
lächelt heute keiner mehr,
wo all das Vergessen in
groben Zügen den
Augenblick füllt.

Nein, ich will auch nicht weinen,
verstecken vor dir, vor
den Augen, die lachen und
freundlich und feindlich
mein Leben verwirren, es
verdrehen, ich denke
ohne Gefühl
an Spaziergänge, Weinberge,
an Schauer und Nässe.

Nein, ich will nicht zurück,
denn ich habe entschieden.
Und all das Ertragen
und all das Verschwenden
ist nun zu Ende und
und Teil von mir, in meinem
'Gewesen', *das* ist nun
die Wahrheit.
Und kein neues Schicksal
soll sich noch trauen,
mich anders zu zeichnen
und mich zu verraten
und mich zu hintergehen.

Nein, ich will es nicht wissen,
die andere Zukunft,
das andere Haben, die Luft
und die Freiheit, wie hätten
sie wuchern können?
Ich will es nicht wissen!
Ich würde es nicht wollen.
Ich weiß doch noch nicht
einmal, wer ist am Leben?

Nein, ich will nicht mehr leiden,
nicht wieder zerbrechen, nicht
wieder im 'Wollen' das Glück
weiter suchen, dass es nicht gibt.
Das Glück, das nie endet, das
ewige Märchen, das alle erzählen,
das keiner je lebt.

Nein, ich will nicht mehr wollen,
in fernere Bahnen mich denken,
mich wünschen in andere Welten,
an anderen Tagen vergessen, vergessen
zuvor, wie an anderen Tagen, die Tage
der Jugend, sie hatten kein Ende
und ja, es ist wahr,
denn es ist ein Gefühl.
Ein Gefühl, das erinnert an
längere Stunden, viel tiefer
empfunden als jetziger Schmerz.
Viel tiefer empfunden als das,
was ich kenne, darein ich mich
füge, es ist keine Lüge,
doch ist es auch wahr?

Nein, ich will nicht zurück,
weil es nie rückwärts geht.
In allem steckt der Zauber wie
in traumdurchwehten Nächten.
Und in vielen Jahren weiß ich
sicher über heute, dass ich
dort gewesen bin und den Zauber
wieder spürte;
und dass alles wichtig war.

Vergänglichkeit

Die Erinnerungen und alles sind weg.
Wir sind immer willkommen.
Die Erinnerung bist du -
Wenn die Stimme nur ein Flüstern
bliebe, wäre das das Glück?
Wieso nur dürfen wir uns Menschen nennen;
und unser Ende nicht selbst bestimmen?

Unfertige Theorie zum Nachtgedicht

Die Wörter Blick und Nacht
in Zusammenhang gebracht;
und Schwärze, einen Gegensatz
ändern, und das auf -atz.

Vielleicht ein Vogel, nachtaktiv,
ein Gedanke, das Motiv!
In dem Moment beschreibe,
was davon letztlich bleibe -

Bliebe! Und dann die Liebe -
Wenn dieser Link gelingt,
dann öffnen sich die Herzen
und auch die Seele schwingt.

Wasserfarben

Die Kanglanen auf Brücke Acht
Verdingt dich in Breglinsen
Dahinter seien gekegelte Alter
Unfreiwillige Taler unzernahtung

Vergewässert die letzte Talbahn
Um zwitscherei dieser Körbten
Entkenne vorgenbei die Kaler
Sachte unvertreignitz dei Lante

Schinteln um ze frei dannen
Säble onder ver zu filgen
Kall was aler meerte wek
Die Kanglisen unter Karten

Obachte, wessen tlichte siend
Darumbe wellent dise Grahten
Umnacht unn derweule gebb
An Taren der felgt uns wohl

Verpasst

Hielt ich jemals deine Hand?
Merkte mir den Mund beim Lachen?
Was mir jetzt den Schmerz verjagte...
Nein, es ging die Zeit dahin.

Und nur einmal lernt man im Leben,
wie Zeit nicht wiederkehrt.
Viel zu spät, um es zu wissen,
alles fort, da alles war.

Nun will ich in allen Momenten
mir die Dinge bewusster machen,
doch im Nachhinein verfolgt
mich immer noch der gleiche Schmerz -

Vermutung

Und auf einmal wird es still,
die Hand ist ruhig,
der Kopf liegt fest.

Und es läuft so wie es will,
der Stift liegt fest.
Die Blätter ruhig.

Vorbei der Karneval,
der leicht_fertige Sinn.
Und Schatten schweben.

Über nichts

Ich sah durch Luft
und dachte nicht viel
und dachte ja doch,
verdachte die Zeit.

Ich sah hindurch
und die Luft blieb gleich,
ich dachte nicht:
'Ich sehe hindurch'.

Ein Gedicht über nichts,
durch nichts und hindurch.
Es gibt nichts zu seh'n,
nichts zu deuten.

Regen im Juni

Wie der Himmel sich öffnet,
denk ich bei mir,
schreibe ich, dass es regnet,
beende den Vers mit *dir*?

Mit dir; oder beginnen?
Der Regen tropft auf's Blatt
aus meinen Sinnen
mit T, mit H auf -at.

Attraktion, zu sehr gekünstelt.
Schönheit beim Ver-reimen
ist zu schwer und die
Probleme hören nicht auf.
Ich lege noch einen drauf.

Hör auf! Regen, halt ein!
Du, nein, du bist nicht mein.
Was trennt? Sag nicht Ende!
Doppeldeutig sein...

Erinnert euch, es regnet,
doch regnet es auch bei ihr?
Die Wolken sind gräulich,
begegnet der Regen auch dir?

Der Himmel ist offen,
ich denke uns rein,
doch allein will ich nicht hoffen,
nicht immer alleine zu sein.

Es regnet im Juni in Wärme
und drückendem Licht.
Die letzte Zeile, das Ende,
hilft beim Begreifen der
Dichtung – nicht.

Auf dem Weg zu mir

Alter Freund
auf dem Weg zu mir.
Alter Freund,
was schulde ich dir?

Dein Blick verlangt,
verlangt zu viel.
Alter Freund,
dein Blick
und kein Ziel.

Und so gingst du,
ging ich,
die Jahre dahin?
Man braucht ihn nicht,
den *einen* Sinn.

- Nur wenn man fragt,
was hat mir das Gehen
gegeben.

Durch die Nacht

Geist schleicht durch die Nacht
- und lacht
Zeigt einen Augenblick
- ein Missgeschick

Wo gestern der Tag lag
unverkommen
sind heute die Sinne
der Wahl benommen

Zieht Decken über Köpfe
ein Tropfen
zwei Tröpfe
So zählt die Nacht an
im Liegen, seine Schafe

Das ist das Werden,
seine Macht,
im Schlafe

Der Tag

Wie die Nacht so geworden ist?
Ein Meer aus Licht...
Sie musste erst erleuchtet sein,
zum sicher sein,
zum sicher gehen.
Hinter allen Ecken
lauert am Tage
die Gefahr.
Das müssen wir erst
verstehen.

Regen im November

Du machst den Tag leise gemütlich,
nicht kalt, aber friedlich
und grau, doch genau
an dieser Stelle das Licht
heller Wolken als Sonnen.

Unter Schirmen verschwinden
die Köpfe, die Blicke
gen Boden, ich nicht,
ich bin hinter Glas
in der Höhe und schau
nach oben, die Welt

jongliert. Und wie sie
die Momente so ungeschickt
aufeinander stellt,
neige ich mich gleichfalls
nach unten
und sehe mich.

Ich glaube meinen Träumen nicht

Ein Schlendern durch die Ewigkeit?
Ich glaube meinen Träumen nicht!
Ja, weil der Tod das Leben bricht,
und unbeachtet bleibt (und geht) die Zeit.

Unzweisamkeit und Trennungsweh
in Welten, die sich immer scheiden?
Wie kann ich dieses Weinen meiden?
Und blind sein, wenn ich wieder seh'?

Das Alte will das Neue sein,
verdeckt die Neugier und kein Wciter.
Es wankt und schwankt die Lebensleiter.
'Allein' hör ich - *erneut* allein.

Am Ende vergeblich alle Gaben,
das lauteste all unsrer Lieder -
Zerstreut ist das Gefühl, so wie der
Wunsch, einen Wunsch zu haben.

Sinnangst

Ich war nicht in Delphi,
woher soll ich es also wissen,
was alle zu wissen meinen,
weiß ich immer und immer nie.

Was wurde mir nur alles
im Leben nicht gesagt,
und was alles, frage ich,
habe ich im Leben nicht gefragt?

Darf ich nun um Antwort bitten?
Nein, ich warte im Liegen
und habe noch immer und
immer nicht genug gelitten.

Portobello Beach

Septemberwind, noch warm -
und du in meinem Arm.
Weich der Strand, sein Sand -
und du an meiner Hand.
Inchkeith ist im Blick,
wir gehen vorwärts,
nicht zurück.
Wir bilden eine kleine Insel,
bemalen Flora und Fauna
mit unserem eigenen Pinsel,
der nur unsere Farben kennt.
Keine Grenze, die uns
vom Leben trennt.
Wellengang, Möwengesang,
das Meer zeigt Horizont -
und das, was sich lohnt.
Weiter, weiter zu zweit -
Unsere Zeit.

Lebensabend

Ist hier das Licht?
Und warum sprichst du nicht?
Das sind nur zwei Fragen,
eigentlich will ich nur sagen,
dass ich sprechen kann.
Also, wann fängst du an?
Ich frage erneut und hoffe
lediglich auf die Zeit.
Ich denke häufig daran.
Und ich frage, warum ich
guten Morgen und nicht
guten Abend sage?
Alles muss Alles sein
und Alles bleiben.
Ich sage nur einmal 'Nein',
muss immer weiter treiben.
Doch schlimm ist es nicht.
Der Weg ist alt -
so wie sein Licht.

Drei Dinge

Blicke und die Nacht,
gestehe die Faszination.
Blicke durch die Nacht,
mein Lohn.

Lohn für die Tage,
Lohn für das Plagen,
die Nacht, der Mantel,
das Ertragen.

Ertragen als Schutz
befähigt den Traum -
Möglichkeitsraum.

Blicke
Nächte
Traum

Endlichkeit

Süß waren die Stunden im Rausch
der Jugend, im Feuer.
Im Tod wird das Leben teuer.
Der Tausch!

Der Weg war schon immer
das Ziel. Am Ende
wartet nicht 'nicht viel',
es ist schlimmer.

Wir kommen im Leben
nicht raus. Keine Nacht.
Alle Lichter - aus.

Grenzen

Nicht mal ein Sandkorn
kann man so beschreiben,
dass die ganze Wahrheit
festgehalten.
Alles Denken, jeder Streit,
wird nur eine Scherbe bleiben.
Keine Kunst kann jemals
so etwas gestalten.
Auch nicht ein Gefühl
kann man beschreiben,
denn all seine Facetten
sind ohne Möglichkeit
zum Greifen, hier und da
ein leichtes Streifen,
doch nicht mehr.
Im Vergleich zum Ganzen
sind die Künste leer.
Ein Moment, aus einem
Winkel, eine Sicht auf
einen kleinen Bruch.
Was sage ich mit 100 Worten?
Was will das schwere Buch?

Es liegen in der Natur des
Gestaltens
die Grenzen des Entfaltens.

Dezember

Dezembernebel legt sich
in die Risse.
Vom Himmel herab,
sind auch die Menschen
keine Hindernisse.

So möchte ich nicht
durch die Wolken gehen!
Die Grabeskälte, tief,
das niedrige Wehen.
Nässe und kein Regen.
Kühler, wirrer Segen.

Die Nacht wird heller
und taucht sich ganz
in Rauch.
Kein Glanz und immer
schneller wird auch
der Tag ihr weichen.

Helligkeit ist nicht
des Morgens Zeichen.

Zu lang die Zeit bis
hin zum ersten Schnee.
Das muss uns reichen.

Beim nächtlichen Umherblicken

Wann ist die Zeit
und ich bin frei
davon, keine Zeit
zu haben?

Ich gehe am Regal
nur vorbei und
sehe Walthers
Leich und Lieder.

Wann lese, wann
schreibe ich wieder?
Genieße die Bände
von Dix und Mueller?

Es schmerzt, die
Kunst, geringer
Pausenfüller.
Nein, nicht mehr.

Frei sein vom
frei sein wollen,
das ist der eine
und einzige Traum.

Ich warte, verpasse,
und bin müde
bis Nach der Natur,
jenseits aller
Verhandlungsmasse.

Ungesagt

Ich widme dir einen Satz,
einen Herzensplatz.
Du könntest es niemals ahnen,
weil ich es niemals sagte,
weil ich es niemals wagte,
das werde ich immer wissen.
Immer bereuen müssen.

Regennacht

Weißt du noch, in jener Sommernacht,
als der Regen die Feier im Freien störte?
Außerhalb des Dorfes tranken wir...
Als wir als Letzte in Richtung Dorf spazierten,
als würde die Sonne scheinen, zu zweit,
als wir keinen vor uns mehr sahen...
Wie nass wir waren und es war egal.
Nie hätte ich mich getraut, deine Hand
zu nehmen und dir ein Wort zu sagen.
Und trotzdem war diese Nacht, nein,
nur dieser kurze Weg zu zweit, unter uns
zu sein, ein besonderes Glück.

Nein, ich hoffe nicht, dass es noch einmal
so regnet, denn die Zeit hatte und hat
nichts übrig für uns, uns als Eines.

Ich bereue nur, nicht gewusst zu haben,
dass es dieser Abend war, als wir uns
keine Liebesworte sagten,
unser kurzer Höhepunkt.

Elementar

Wie gestern der Atem schwer durch
die Kehle ging,
wie der Tag gelegentlich zu früh beginnt,
wie alle Wellen sich an den Strand schmiegen
und die Luft nach allen Seiten dringt,
so vereinen sich die Elemente
im Kleinen, im Großen,
in allem, im Nichts.

Dss wird immer auch beeinflusst
aus der Ferne.
Und was uns trifft, wann haben wir es
jemals selbst gewählt?

Unser Können

Blicke in Spiegel und Ferne
verschwendet.
Unsere Perspektive verendet.
Auf Türmen alter Paläste
stehend,
glauben wir, die Welt zu sehen.
Wir sind so groß in ihr -
Bedeutungslosigkeiten
erfolgreich bestreiten,
das ist unser Können.
In jede Richtung des
Wünschens zu rennen.
Das Glauben steht uns vor.
Wir lauschen der Lust,
mit einem fremdbestimmten Ohr.

Dein Gesicht

Dein Gesicht – und mehr nicht.
Und alles ist nur ein Treiben
und zufällige Emotion.

Du sitzt auf deinem Thron
des Lächelns viel zu still.
Was ist, was man will?

Und wie klingt der Ton
aus dem 'Nie weg davon'
und dem 'Nie lassen'?

Ich will den Tag verprassen
und Sekunden genießen.
Beeindruckt vom Fließen

lasse ich los. Dein Gesicht -
und mehr war es nicht.

Blicke auf Vergangenes

Verschwimmt dein Gesicht,
wie von Pinseln verwischt.
Der Vergessenheit treu sein -

Verhalten die Hand,
die findet, nicht fand.
Das alles muss neu sein -

Der Boden verwackelt, bricht,
verklärt ist die Sicht.
Und zum Wahren sag: Nein!

Weltbeschreibung

Welt und lichtverseuchter Raum,
allumfassender Schaum
und Enge, liebst
deine Schlösser und den Tod.
Malst mit blauem Pinsel
das Rosenrot.
Drehst und wiederholst,
doch willst nicht weiter schreiten?
Nur fügen, fallen, gleiten -
Die gleiche Luft ist
streng und sauer.
Du gibst genau *ein*
'Ungenauer'
und einen Blick,
denn das ist unser Brot.
Auf *eine* Mauer.
Altes Glück
und Not
und Schauer.

Jahreszeiten

Der Tag ist kurz, die lange Nacht kein Trost,
in Träume schleicht sich ein zu grelles Licht.
Und fragen wir, was uns nur zugelost,
begreifen wir die Tiefe unsrer Frage nicht.

Ein halbes Jahr, dann ist das Spiel verkehrt,
die Helligkeit bis in die Nächte sprießt.
Doch schafft die Umkehr einen schwachen Wert,
das Auge, das sich auch am Tage schließt.

Fremdbetrachtung

Vielleicht, in vielen Jahren,
wenn ich durch Erde gegangen,
wird man mich so erfahren,
wie ich versuchte, anzugelangen.

Man könnte in Versen lesen,
was ich auch selbst nicht weiß.
Daran will ich genesen,
dies sei mein Preis.

Werdet ihr mich entdecken?
Was alles ich liebte, beschauen?
Oder das Wahre verstecken,
Gemeintes in Stücke zerhauen?

Eines will ich euch sagen,
ich liebe alles, nicht nichts,
daraus entspringt mein Klagen.
Versuche, nicht zu hassen,
nur leben und lassen -
und nicht mehr weiter fragen.

Was gibt es zu verstehen?

Was gibt es zu verstehen?
Wollen wir nicht einfach
hören und sehen?
Dann wüssten wir doch,
was es ist.

Warum fesselt das Denken?
Das Neue kann man nur fühlen.
Im Kopf herrsche Freiheit
und heiteres Spielen!

Und Künste zerbrechen Grenzen,
das wollen wir lassen.
Manchmal gibt's das Verschwinden.
Und Gefühle kann man nicht fassen.

Glaubensfrage

Ich rede nicht,
weil ich nicht reden kann.
Wo ich schweige,
schreibe ich.

Der Wert des Denkens,
darauf kommt es an?
Wo ich glaube,
versich're ich.

Doch glaube ich
ans Glauben und
den Mehrwert
des Erdenkens?

Erfrage nichts,
will selbst ergrübeln...
Meine kurze Zeit
des Verschenkens.

Unvollkommenheit

...das ist kein Problem,
doch viele Makel jucken.
Sich zu sehen, wie man ist,
das ist unbequem.

Die schiefen Zähne und
die lahme Zunge.
Der flache Atem und
die schwache Lunge.

Man humpelt beim Beschreiben,
die steifen Finger wollen nicht.
Lieber unbewegt und bei
einer and'ren Wahrheit bleiben.

Diese Wahrheit spricht uns
frei und bricht den Minder-
wert entzwei.

Diese Wahrheit lobt und
tobt entfesselt, ohne Sinn.
Sie kaschiert, was du nur bist,
was ich nur bin.

Darf aber so das Leben
uns entgleiten?
Ich frage mich nicht jetzt,
verschiebe es auf ungreifbare,
ferne Zeiten.

Die Zukunft

Die Zukunft ist auch nur
eine Handvoll Tage.
Ein Steinwurf in kleine
Seen in ungünstiger Lage.
Und stets stören Wellen
das Erkennen.
In jedem Augenblick, wo
sich Chancen und Taten
auf ewig trennen,
schwingt der eine Wunsch
wie alte Giterrensaiten,
dass wir selbst unsre Fäuste
in die Spiegel donnern.
Und nichts kann uns jemals
entgleiten.

Versuchte Abgeschiedenheit

Der Tag wird Nacht
und in der Ferne schwinden
die Weiten der Welt.

Ich besinne mich auf das
Eingeschlossensein der
Erdenbewohner im All.

Kein künstliches Licht,
nicht mal die eigene
Schrift will ich sehen.

Nur draußen noch der
Wind in den Bäumen
raschelt, unterbricht.

Unbekanntes Gesicht

Ich höre noch immer deine Lieder,
deine junge Stimme zermürbt meine
viel zu schwachen Sinne.
Wieder verfolgt mich dein Gesicht,
schon wieder.
Ich bin aus Vergangenem gebaut
und will doch nur
von allem schweigen.
Hast du dem Ruf der Jugend die
Zukunft jemals zugetraut?
Alle Tage sind zu spät und alles
frohe Hoffen sprach niemals
von 'alles ist noch offen'.
In diesem Moment; deine Stimme
ist eine viel zu alte Tat.
Ich habe meine,
du hast deine Stadt.

Ferne

Ich existiere nicht auf ganze Weise,
mein Ruf erklingt - erklingt zu leise.
Mein Ruf ist kein Ruf, bleibt Versuch.
Das Erkennen ist ein Doppelbruch.
Und meinen Wunsch,
die Hände *einmal* halten.
In Träumen kann ich nicht mal
diesen Wunsch entfalten -
Ich sage deswegen einfach
'Gute Nacht'.
Irgendwann sagte ich etwas -
und einmal hast du auch gelacht.

Deine Nacht

Das ist deine Nacht,
dein Husten in der Ferne.
Was hab ich nicht gemacht?
Was wurde nicht entfacht
im Lichte starrer Sterne?

Ich sag 'Auf Wiedersehen'
und will nicht wieder blicken.
So hilflos, das Stehn,
des Lebens stetes Drehn.
Ein stilles Entrücken.

Vorbei

Der Glanz deiner Augen verschwand
in Sekunden, die Nacht war
im Nu nur noch gestriger Schnee.
Weshalb war's für dich okay?
Du magst ihn, den Schnee?
Das Kühle, die Klarheit im Weiß...
dass niemand über mehr als die
Oberfläche urteilen kann.
Und damit fängt es an.
Der Beginn unscharfer Lieder,
die nicht mehr als bloßer Wille.
Im Hoch, im Mittel und Nieder
halte die Note des Wollens
bis zur vollständigen Stille.

Kurzes Glück

Ich sah dich zum ersten Mal,
die zufällig zerbrochene Vase
stand schon immer in einem
wackeligen Regal.
Doch war es an diesem Tag
und den folgenden Tagen egal.
Durch Scherben schritt'st du
auf mich zu und warst mir nah.
Die Haustür blieb im Winter
zu lang offen, was in unser
beider Rücken unbemerkt geschah.
Und ein frisch gedeckter Tisch
bot uns Speisen, Tee und Kaffee.
Und alle Tropfen, die den Weg
in die Tassen nicht fanden,
gaben dem Tag einen Namen,
den sie später erst verstanden.

Erde und Zeit

Auf unsere Schultern rieseln
das Werden und die Zeit.
Als Spätwinterpaar sind sie
zum Beginnen
und zum Beenden
gleichgültig bereit.

Leise rieselt die Zeit,
sie war immer,
ist immer bereit,
uns den nächsten
Schritt zu nehmen.

Knisternd knirscht die Erde
und flüstert erst,
dann ruft sie laut.
Vorbei das Wesen
und das 'Werde'!

Aus dem Samen des
Grotesken kämpft sich,
wie der Vogel aus dem Ei,
das Monster
aus Erde und Zeit
und faucht schon bald:
Vorbei.

Ist das die Nacht?

Ist das die Nacht,
in der jetzt jeder Traum erstickt?
Ist das die Nacht,
in der wir still verschwinden?
Ist das die Nacht,
ist das die Nacht?

Und genügsam schauen wir
auf graue Morgen,
belauschen unsren
innigsten Wunsch...
Ist das die Nacht?
Ist das die Nacht -
und wir sind Staub?

Kunst

Die wilde, freie Fahrt aller,
die das Leben in schiefen Bahnen
brechen, ist nur anders
und niemals mehr.
Es schneiden ins Fleisch der Seitenwege
die unendlichen Geraden.
Auch diese Verletzungen sind echt und wahr.
Nur dies wird selten eingestanden.
Das Handeln der Außenstehenden ist
immer schmerzende Tat,
ein Finger in der Wunde,
ein Blick in den Spiegel,
ein nutz- oder sinnloses Getue.
Man muss nichts wollen,
es muss nichts verstanden werden.
Es will nur sein.